Santa Rita de Cássia

Elam de Almeida Pimentel

Santa Rita de Cássia

Invocada nas causas impossíveis

Novena e ladainha

Petrópolis

© 2011, Editora Vozes Ltda.
Rua Frei Luís, 100
25689-900 Petrópolis, RJ
www.vozes.com.br
Brasil

3ª edição, 2014.

3ª reimpressão, 2024.

Todos os direitos reservados. Nenhuma parte desta obra poderá ser reproduzida ou transmitida por qualquer forma e/ou quaisquer meios (eletrônico ou mecânico, incluindo fotocópia e gravação) ou arquivada em qualquer sistema ou banco de dados sem permissão escrita da editora.

CONSELHO EDITORIAL	**PRODUÇÃO EDITORIAL**
Diretor Volney J. Berkenbrock	Aline L.R. de Barros Marcelo Telles Mirela de Oliveira
Editores Aline dos Santos Carneiro Edrian Josué Pasini Marilac Loraine Oleniki Welder Lancieri Marchini	Natália França Otaviano M. Cunha Priscilla A.F. Alves Rafael de Oliveira Samuel Rezende Vanessa Luz
Conselheiros Elói Dionísio Piva Francisco Morás Gilberto Gonçalves Garcia Ludovico Garmus Teobaldo Heidemann	Verônica M. Guedes
Secretário executivo Leonardo A.R.T. dos Santos	

Editoração: Fernando Sergio Olivetti da Rocha
Diagramação e capa: AG.SR Desenv. Gráfico
Capa: Omar Santos

ISBN 978-85-326-4090-1

Este livro foi composto e impresso pela Editora Vozes Ltda.

Sumário

1 Apresentação, 7
2 História da vida de Santa Rita de Cássia, 9
3 Novena de Santa Rita de Cássia, 12
    1º dia, 12
    2º dia, 14
    3º dia, 15
    4º dia, 16
    5º dia, 18
    6º dia, 19
    7º dia, 20
    8º dia, 21
    9º dia, 23
4. Orações a Santa Rita de Cássia, 25
5. Ladainha de Santa Rita de Cássia, 31

APRESENTAÇÃO

Santa Rita de Cássia é uma das devoções mais populares por ser padroeira, junto com São Judas Tadeu, dos casos impossíveis. É também protetora das esposas que sofrem maus-tratos dos maridos.

Os milagres de Santa Rita têm sido testemunhados por pessoas que a ela oram e pedem graças para resolver problemas complicados. Por ser considerada poderosa, Santa Rita é invocada para solucionar qualquer tipo de questão, principalmente aquelas que pareçam impossíveis.

Iconograficamente, ela é representada de pé, vestida com o hábito preto das freiras agostinianas, com um rosário no braço esquerdo e segurando, com a mão direita, um crucifixo. Sua festa comemorativa é no dia 22 de maio.

Este livrinho contém a vida de Santa Rita de Cássia, sua novena, oração e ladainha, como também algumas passagens bíblicas, seguidas de uma oração para o pedido da graça especial, acompanhada de um Pai-nosso, uma Ave-Maria e um Glória-ao-Pai.

História da Vida de Santa Rita de Cássia

Filha de pais pobres e idosos, nasceu na Umbeia, Itália, e, desde pequena, já demonstrava vocação para a vida religiosa. Era devota de Maria Santíssima, de São João Batista e de Santo Agostinho.

No entanto, em obediência aos pais, casou-se aos 12 anos de idade com Paulo Ferdinando, que se revelou uma pessoa violenta, e a espancava sempre. Durante 18 anos, Rita suportou resignadamente as brutalidades e traições do esposo, com o qual teve dois filhos, gêmeos. Rezava pedindo a Deus a conversão do esposo. Certo dia, ele pediu desculpas à esposa por tudo que tinha feito, passando a tratá-la com respeito, mas, logo em seguida, foi assassinado. Quando os filhos, mais tarde, ficaram sabendo do assassinato, juraram matar o responsável, e

Rita rezou muito pedindo a Deus para tirar essa ideia de vingança do coração dos filhos, porque preferia ver seus filhos mortos a assassinos. Os dois adoeceram gravemente, vindo a falecer depois de Rita convencê-los a perdoar o homem que havia assassinado o pai deles.

Após a morte dos filhos, Rita quis entrar para o convento agostiniano, mas foi recusada por ser viúva. Até que um dia, após rezar fervorosamente, foi transportada de maneira milagrosa para dentro do convento. Para testá-la, a madre superiora destinou-lhe a tarefa de plantar e regar uma parreira seca. Após um ano de dedicação, a planta ganhou vida, produzindo flores e frutos. Dizem que a videira de Santa Rita produz uvas de um sabor especial até hoje.

O resto da vida de Rita no convento foi de grande intensidade espiritual. Meditava muito sobre a Paixão de Cristo e pediu a Deus que lhe concedesse uma lembrança sensível, em seu corpo, da Paixão de Cristo, e foi atendida. Um dia, depois de um sermão sobre a Paixão e Morte de Jesus Cristo, um espinho se desprendeu da imagem do

Senhor Crucificado e cravou-se na testa da santa, causando-lhe uma dor insuportável. A ferida do espinho acompanhou-a até a sua morte, fazendo-a sofrer muito. Faleceu com 76 anos. A morte dela foi acompanhada de muitos milagres segundo relatos. "Na cela, apareceu uma luz de grande esplendor, um perfume especial que se fez sentir em todo o mosteiro, e a ferida do espinho, antes de aspecto repugnante, tornou-se limpa, brilhante." Muitas pessoas foram ao convento para ver a "santa", cujo cadáver ficou exposto alguns dias sem se decompor.

A devoção a Santa Rita de Cássia se estendeu por Itália, Portugal e Espanha, devido aos milagres obtidos por sua intercessão, e o povo lhe deu o título de "Santa das Causas Impossíveis". Mesmo antes de ser canonizada, em 1900, tornou-se conhecida no Brasil e foi eleita padroeira em várias localidades.

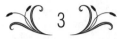

Novena de Santa Rita de Cássia

1º dia

Iniciemos com fé este primeiro dia de nossa novena, invocando a presença da Santíssima Trindade: em nome do Pai, do Filho e do Espírito Santo. Amém.

Leitura do Evangelho: Mt 13,24-30

> [...] O Reino dos Céus é semelhante a um homem que semeou boa semente em seu campo. Mas, enquanto todos dormiam, veio seu inimigo, semeou uma erva daninha, chamada joio, entre o trigo e foi embora. Quando o trigo germinou e fez a espiga, apareceu também o joio. Então os escravos do proprietário foram dizer-lhe: "Senhor, não semeaste boa semente em teu campo? Donde vem, pois, o joio? Ele respondeu: "Foi um inimigo que fez isso". Os escravos lhe pergunta-

ram: "Queres que vamos arrancá-lo?" Ele respondeu: "Não, para que não aconteça que, ao arrancar o joio, arranqueis também o trigo. Deixai que os dois cresçam junto até à colheita. No tempo da colheita direi aos que cortam o trigo: colhei primeiro o joio e atai-o em feixes para queimar, depois, recolhei o trigo no meu celeiro".

Reflexão

Esta parábola de Jesus nos mostra que o "mal" estará sempre presente em nossas vidas. A solução não está em arrancar o "mal" para deixar o "bem" crescer, e sim o "bem" deve crescer mais para iluminar as trevas que vão aparecendo em nossas vidas. Assim, devemos aprender a ter paciência para tratar os outros e enfrentar os problemas conforme Santa Rita demonstrou durante toda a sua vida.

Oração

Ó gloriosa Santa Rita, ajudai-me a ser paciente com todos e também perante as dificuldades da vida. Peço-vos, com fé, que... (falar a graça que se deseja alcançar).

Pai-nosso.

Ave-Maria.
Glória-ao-Pai.
Santa Rita, intercedei por nós.

2º dia

Iniciemos com fé este segundo dia de nossa novena, invocando a presença da Santíssima Trindade: em nome do Pai, do Filho e do Espírito Santo. Amém.

Leitura do Evangelho: Jo 16,33

Disse-vos estas coisas para que tenhais paz em mim. No mundo tereis aflições. Mas tende coragem! Eu venci o mundo!

Reflexão

A ressurreição de Jesus provocou em todos uma transformação: após os acontecimentos da prisão e morte de Jesus, os apóstolos se encontram cheios de medo até que Jesus lhes aparece, cumprindo o que antes prometera. E ainda lhes aparece para reforçar-lhes a fé, mostrando os sinais de sua presença e enviando-os em missão.

A fé é algo muito importante em nossas vidas. As provações diárias colocam em evidência a autenticidade de nossa fé. Nós, cristãos, devemos sempre pensar que "a cruz e o sofrimento são uma face da mesma medalha que tem por lado contrário a ressurreição". Vivendo com fé e praticando o Evangelho experimentaremos esta passagem.

Oração
Santa Rita, vós que tanto sofrestes e não abalastes vossa fé em Jesus Cristo, ajudai-me a ter cada vez mais fé no poder divino. Cheio(a) de fé nas promessas de Jesus e confiante em vós, eu vos rogo, sede a medianeira para o alcance da graça de que tanto necessito... (falar a graça que se deseja alcançar).

Pai-nosso.

Ave-Maria.

Glória-ao-Pai.

Santa Rita, intercedei por nós.

3º dia
Iniciemos com fé este terceiro dia de nossa novena, invocando a presença da Santíssima Trindade: em nome do Pai, do Filho e do Espírito Santo. Amém.

Leitura do Evangelho: Jo 14,13
> O que pedirdes em meu nome eu o farei [...].

Reflexão
Quando oramos, ficamos mais perto de Deus. A oração feita com fé e confiança, independentemente do estado emocional que estivermos enfrentando, é o que ajuda os santos a intercederem por nós, levando nossos pedidos, nossas aflições a Deus.

Oração
Deus Pai, Todo-poderoso, sois a fonte onde brotam todas as graças e bênçãos. Pela intercessão de Santa Rita de Cássia, socorrei-me nesta hora tão difícil... (pedir a graça a ser alcançada).

Pai-nosso.

Ave-Maria.

Glória-ao-Pai.

Santa Rita, intercedei por nós.

4º dia
Iniciemos com fé este quarto dia de nossa novena, invocando a presença da San-

tíssima Trindade: em nome do Pai, do Filho e do Espírito Santo. Amém.

Leitura bíblica: Fl 4,6

Não vos inquieteis por coisa alguma. Em todas as circunstâncias apresentai a Deus as vossas necessidades em oração e súplica, acompanhadas de ação de graças [...].

Reflexão

Quando rezamos, Jesus se faz presente e as graças se tornam mais próximas. Toda oração tem seu efeito, mesmo se não percebemos no ato da oração. Santa Rita rezou muito e conseguiu a conversão de seu marido.

Oração

Santa Rita, vós fostes o exemplo de esposa e mãe, rezando com fé por seu esposo e filhos. A vós recorro com muita fé para que me concedais a graça... (fazer o pedido).

Pai-nosso.

Ave-Maria.

Glória-ao-Pai.

Santa Rita, intercedei por nós.

5º dia

Iniciemos com fé este quinto dia de nossa novena, invocando a presença da Santíssima Trindade: em nome do Pai, do Filho e do Espírito Santo. Amém.

Leitura bíblica: Sl 34,18-20

> [...] Aqueles que clamaram, o Senhor os escuta e os livra de todas as aflições. O Senhor está próximo dos corações contritos e salva os espíritos abatidos [...]. Muitas são as aflições do justo, mas o Senhor de todas elas o liberta.

Reflexão

Quem vive sob a proteção divina e se empenha na prática do bem quando clama ao Senhor nos momentos de desespero é rapidamente reconfortado.

Oração

Santa Rita, Santa das Causas Impossíveis, vós, que tantos milagres tendes realizado, sede favorável a minha súplica e alcançai-me a graça que vos peço... (falar a graça que se deseja alcançar).

Pai-nosso.
Ave-Maria.
Glória-ao-Pai.
Santa Rita, intercedei por nós.

6º dia

Iniciemos com fé este sexto dia de nossa novena, invocando a presença da Santíssima Trindade: em nome do Pai, do Filho e do Espírito Santo. Amém.

Leitura bíblica: Rm 12,12
> Sede alegres na esperança, pacientes no sofrimento e perseverantes na oração.

Reflexão

Os problemas e as dificuldades diárias podem balançar a nossa fé e, às vezes, nos fazer duvidar das palavras de Jesus. Entretanto, é nesses momentos que precisamos voltar o pensamento para Deus, lembrando de todo o seu amor e paz por Ele concedidos.

Oração

Santa Rita, remédio em todas as aflições. Vós, que tanto sofrestes, ajudai-me neste momento de grande sofrimento, atendendo a minha súplica... (falar o motivo do sofrimento e pedir a graça a ser alcançada).

Pai-nosso.

Ave-Maria.

Glória-ao-Pai.

Santa Rita, intercedei por nós.

7º dia

Iniciemos com fé este sétimo dia de nossa novena, invocando a presença da Santíssima Trindade: em nome do Pai, do Filho e do Espírito Santo. Amém.

Leitura bíblica: Sl 62,6-8

Só em Deus minha alma está tranquila, pois dele vem minha esperança! Só Ele é minha rocha e minha salvação, minha fortaleza: jamais serei abalado. Minha salvação e minha glória estão junto de Deus: a rocha de minha defesa, meu refúgio, tenho em Deus.

Reflexão

Nos momentos difíceis de nossas vidas, onde parece que nada dá certo, acreditar na força de Deus pode ser a única esperança para nós; acreditar que uma força maior, justa, poderosa será capaz de nos fortalecer e nos fazer acreditar no impossível, dando-nos a serenidade e a energia necessárias para enfrentar qualquer problema. Nestes momentos de angústia, lembremos dos sofrimentos enfrentados por Santa Rita e de sua inabalável fé em Deus.

Oração
Santa Rita, Santa auxiliadora da última hora, a vós recorro com toda a confiança no vosso poder junto a Jesus no alcance da graça de que necessito... (fazer o pedido).

Pai-nosso.

Ave-Maria.

Glória-ao-Pai.

Santa Rita, intercedei por nós.

8º dia

Iniciemos com fé este oitavo dia de nossa novena, invocando a presença da Santíssima Trindade: em nome do Pai, do Filho e do Espírito Santo. Amém.

Leitura bíblica: Hb 11,1

> A fé é o fundamento do que se espera e a prova das realidades que não se veem.

Reflexão

Para os cristãos verdadeiros, a fé não tem uma explicação; ela simplesmente existe, podendo comprovar seus resultados com muito mais força. Ter fé é mais do que acreditar nos desígnios divinos, é transmitir os seus ensinamentos de amor e bondade. A sinceridade de nossos sentimentos e o fervor com que nos dirigimos a Deus em nossas orações, seja para pedir ou agradecer, comprovam nossa fé.

Oração

Santa Rita, advogada nossa, compadecei perante meu sofrimento e do pedido que venho depositar a vossos pés, confiando na vossa poderosa intercessão... (pedir a graça a ser alcançada).

Pai-nosso.

Ave-Maria.

Glória-ao-Pai.

Santa Rita, intercedei por nós.

9º dia

Iniciemos com fé este nono dia de nossa novena, invocando a presença da Santíssima Trindade: em nome do Pai, do Filho e do Espírito Santo. Amém.

Leitura bíblica: Sl 118,28-29

> Tu és meu Deus: eu te dou graças; meu Deus, eu te exalto. Dai graças ao Senhor, pois Ele é bom, pois seu amor é para sempre!

Reflexão

Ter gratidão, saber agradecer, faz com que tudo fique melhor, enfrentando qualquer desafio. Pensemos nas coisas boas, dos bons momentos de nossas vidas e agradeçamos a Deus por Ele nos ter proporcionado alegria nesses momentos.

Oração

Ó Santa Rita, filha obediente, esposa amável de um homem difícil, irmã bondosa e compreensível das religiosas do convento, pessoa sofredora e fiel a Jesus, modelo de vida para todos nós, dignai-vos mostrar vosso poderoso auxílio. Vós sabeis das minhas necessidades e do pedido que venho depositar a vossos pés, confiando na vossa poderosa intercessão junto a Deus. Concedei-me... (falar a graça que necessita alcançar).

Pai-nosso.

Ave-Maria.

Glória-ao-Pai.

Santa Rita, intercedei por nós.

~~€ 4 ~~

ORAÇÕES A SANTA RITA DE CÁSSIA

Oração 1: Para se rezar nos momentos de desespero

Ó poderosa Santa Rita, chamada Santa dos Impossíveis, Advogada nos Casos Desesperados, Socorro na Última Hora, Refúgio nos Momentos da Dor que arrasta as almas ao abismo do crime e da desesperação com toda confiança em vosso celeste patrocínio, recorro a vós neste caso difícil e imprevisto que oprime dolorosamente o meu coração.

Dizei-me, ó cara Santa Rita, não me quereis ajudar e consolar? Quereis afastar o vosso olhar, a vossa piedade do meu coração tão provado pela dor? Também vós sabeis o que é o martírio do coração! Pelas dores atrozes que sofrestes, pelas lágrimas amargas que, santamente, derramastes. Ah! vinde em meu auxílio.

Falai, rezai, intercedei por mim que não ouso fazê-lo ao coração de Deus, Pai de misericórdia e fonte de toda consolação. Alcançai-me a graça que desejo, porque quero alcançá-la, sendo-me ela tão necessária. Apresentada por vós, que sois tão cara a Deus, a minha prece será certamente atendida.

Dizei ao Senhor que desta graça servir-me-ei para melhorar a minha vida e os meus hábitos e proclamar na terra e no céu a misericórdia divina. Assim seja.

Três Pai-nossos, Ave-Marias e Glórias-ao-Pai.

Oração 2: Para resolver qualquer problema

Ó poderosa e gloriosa Santa Rita, eis a vossos pés uma alma desamparada que, necessitando de auxílio, a vós recorre com a doce esperança de ser atendida.

Por causa de minha indignidade e de minhas infidelidades passadas, não ouso esperar que minhas preces cheguem a mover o coração de Deus, e é por isso que sinto a necessidade de uma medianeira todo-poderosa, e foi a vós que me dirigi, Santa Rita, com o incomparável título de Santa dos Casos Impossíveis e Desesperados.

Ó cara santa, interessai-vos pela minha causa, intercedei junto a Deus para que me conceda a graça de que tanto necessito e que ardentemente desejo... (diz-se qual a graça que se deseja).

Não permitais que tenha de me afastar de vossos pés sem ser atendido. Se houver em mim algum obstáculo que me impeça de obter a graça que imploro, auxiliai-me para que o afaste; envolvei minha prece em vossos preciosos méritos e apresentai-a a vosso celeste esposo em união com a vossa. Assim, enriquecida por vós, esposa fidelíssima entre as mais fiéis, por vós que sentistes as dores da sua paixão, como poderá Deus repeli-la ou deixar de atendê-la?

Ó cara Santa Rita, que jamais diminua a confiança e esperança que em vós coloquei; fazei com que não seja vã a minha súplica; obtende-me de Deus o que peço; a todos farei então conhecer a bondade do vosso coração e a onipotência da vossa intercessão.

E vós, coração adorável de Jesus, que sempre vos mostrastes tão sensível às menores misérias da humanidade, deixai-vos enternecer pelas minhas necessidades e, sem olhar minha fraqueza e indignidade, concedei-me a graça que tanto desejo e que por mim e comigo vos pede vossa fiel esposa Santa Rita.

Oh! sim, pela fidelidade com que Santa Rita sempre correspondeu à graça divina, por todos esses dons com os quais quisestes cumular sua alma, por tudo quanto sofreu em sua vida de esposa, de mãe, e como participante de vossa dolorosa paixão, concedei-me esta graça que me é tão necessária [...].

E vós, ó Virgem Maria, como nossa boa Mãe do céu, depositária dos tesouros divinos e dispensadora de todas as graças, sustentai com vossa poderosa intercessão a de vossa grande devota Santa Rita, para me alcançar de Deus a graça desejada. Assim seja.

Oração 3: Em agradecimento por graça alcançada

É com o coração profundamente comovido e perturbado que hoje venho a vós, ó gloriosa e poderosa Santa Rita.

Na hora do perigo, no momento em que estava ameaçada a minha felicidade e a dos que me são caros, a vós roguei, com a alma aflita e cheia de apreensão [...]. A vós supliquei, a vós que todos chamam de Santa dos Impossíveis, Advogada nos Casos Desesperados, Refúgio na Última Hora [...]. Não foi iludida a minha confiança em vós.

Agora volto a vós, não mais com as lágrimas do sofrimento nos olhos, mas com alegria e serenidade no coração, para vos ofertar meu infinito reconhecimento.

Esta alegria, esta serenidade a vós as devo, cara santa, a vós que intercedestes em meu favor junto a Deus, apesar da minha indignidade, e me alcançastes a graça desejada.

Quisera melhor exprimir-vos o profundo sentimento de gratidão que enche meu coração, ó santa milagrosa, ó consoladora dos aflitos, mas a própria emoção causada pela felicidade de ter obtido esta graça paralisa minhas expressões e somente sei murmurar: graças vos dou [...] muitas graças, mil graças, Santa Rita.

Para vos demonstrar então de maneira mais eficaz meu infinito reconhecimento, prometo-vos propagar com zelo cada vez maior o vosso culto, fazer-vos amada por aqueles que não vos conhecem ainda, e que não têm, como eu, a felicidade de ter experimentado vossa infinita benevolência. Prometo-vos auxiliar, segundo as minhas possibilidades, a manutenção do vosso culto e participar, sempre que possível, das cerimônias celebradas em vossa honra.

Para tornar-me sempre mais digno do auxílio do céu e da vossa santa proteção, tomo, a partir de hoje, a resolução de cumprir com maior zelo e fervor meus deveres cristãos.

Ó cara Santa Rita, a vós confio o cuidado de apresentar a Deus essas sinceras resoluções, e de lhe agradecer por mim a graça generosamente concedida.

Dignai-vos, enfim, a não me desamparar jamais e continuai a dispensar-me vossa santa e ativa proteção, a fim de que possa um dia encontrar-vos no céu e dizer-vos melhor todo o meu reconhecimento. Assim seja!

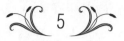

Ladainha de
Santa Rita de Cássia

Senhor, tende piedade de nós,
Jesus Cristo, tende piedade de nós.
Senhor, tende piedade de nós.

Jesus Cristo, ouvi-nos.
Jesus Cristo, atendei-nos.

Pai Celeste, que sois Deus, tende piedade de nós.
Deus Filho, redentor do mundo, tende piedade de nós.
Deus Espírito Santo, tende piedade de nós.
Santíssima Trindade, que sois um só Deus, tende piedade de nós.

Santa Maria, rainha dos mártires, rogai por nós.
Santa Rita, intercessora dos aflitos, rogai por nós.
Santa Rita, santa da caridade, rogai por nós.

Santa Rita, modelo de esposa, rogai por nós.

Santa Rita, coroada com os espinhos de Cristo crucificado, rogai por nós.
Santa Rita, santa que auxilia em qualquer dificuldade, rogai por nós.
Santa Rita, pela vossa paciência, penitência, rogai por nós.
Santa Rita, triunfo dos casos impossíveis, rogai por nós.
Santa Rita, santa poderosa, rogai por nós.
Santa Rita, advogada nossa, rogai por nós.
Santa Rita, auxiliadora da última hora, rogai por nós.
Santa Rita, refúgio e abrigo nosso, rogai por nós.
Santa Rita, santa do perdão, rogai por nós.

Cordeiro de Deus, que tirais os pecados do mundo, perdoai-nos, Senhor.
Cordeiro de Deus, que tirais os pecados do mundo, atendei-nos, Senhor.
Cordeiro de Deus, que tirais os pecados do mundo, tende piedade de nós, Senhor.

Jesus Cristo, ouvi-nos.
Jesus Cristo, atendei-nos.

Rogai por nós Santa Rita,
Para que sejamos dignos das promessas de Cristo.